AF595965

DEDICATORIA

Dedicó esté poemario a mi hjo Ayniruk Kayshapanta Roszko (Heredero de la sabiduría y a mi sagrada madrecita Nepiro (Reyna heroína de Armágedon).

Generación Lunisolar

Amaruk Kayshapanta Anchapcxy

ISBN:**ISBN:** 9798367419054

Producciones Pachamama. S,A

CONTENIDO

AGRADECIMIENTOS

Doy gracias por tomarté un momento de tú tiempo y honrar a nuestros antepasados, honrar a los hombres, a las mujeres, a los ancianos, a los niños que forman parte de tu vida, por todas las enseñanzas de sabiduría que has recibido, porque de alguna manera la memoria del gran espíritu se refleja en ti. Todos los días principalmente cuando somos humildes, agradecidos y solidarios

PENSAMIENTO UNO

Meditación siempre debe haber

espacio para trabajar

desde adentro para repercutir todo lo

mejor de ti hacia afuera.

La culpa no se cura con la meditación solo

el aceptar tus errores

y pedir perdón, enmendar te ayudará tener

un nuevo comiezo,

ya que nadie puede huir de su

cargo maligno de conciencia.

PENSAMIENTO DOS

Yo pasaré y apenas habré sido

frágil, destino de mi pobre corazón muerto.

Hijo mio, hijito de mi alma cuando yo no exista,

tú serás mi carne viva el espiritú ancestral

indómito de mis huellas de antaño.

Cánticos de amor puro, cuando yo no hable,

tú, mi palabra inextinta en la presencia

de mis enemigos. Papá te ama siempre

Ayniruk Kayshapanta.

PENSAMIENTO TRES

El tiempo se nos acaba cada segundo de vida,

y las personas elijen la crueldad, la maldad

antes que el amor y el equilibrio.

Todos sufriremos sin excepciòn el derroche de

energìas negativas que causan actitudes de guerra

herencia maldita para tus hijos, nietos.

Vibrar en energìa de paz trae consigo

la felicidad integral la armonia de

una vida en plenitud junto a los tuyos,

a fin de cuentas la vida con amor y

hacer el bién es el éxito en esta vida

tan corta y tan rapida, no hay tiempo

para màs. Yo kichwa siempre elijo

vivir en paz antes que destruir

y sobrevivir en un infierno

NAVIDAD DULCE NAVIDAD

Llegó la navidad esta fiesta durante
las cuales nos creemos
mejores seres humanos, simplemente
por el hecho de dar a los otros,
lo que durante el resto del año
les negamos. Estas son las fiestas
del consumo donde reina la
superficialidad absoluta y prima
el fanatismo compulsivo y gratuito de comprarlo todo.
¿Donde quedaron las fiestas de antaño?
Aquellos simples días
"entrañables" junto a "familiares" y "amigos"
donde solo nuestra presencia ya
era razón suficiente para ser feliz. Y ahora es un sin
sentido se sirven de excusa para
incrementar el volumen de compra-venta de artículos
inútiles y esclavizadores.
Estas fiestas en las que intercambian
regalitos una vez al año, para intentar
olvidar nuestra infelicidad. Pero ni siquiera
son regalos que nos salen "de corazón"
NO ¡salen de la TV ! Regalamos artículos
convencionales que nos venden
las publicidades por encargo
de las multinacionales. Regalamos
productos inútiles, ropa que
nunca nadie se pondrá, juguetes
sexistas hechos de plástico contaminante
y que acabarán tirados en la basura.

Papa Noel y Sus Majestades los Reyes Magos son
responsables de la explotación de miles de obreros que
trabajan en condiciones infrahumanas, en factorías de
países del 3er mundo donde
mueren niños, y muere cada
año el sentido mas propio de
la naturaleza la vida el humanismo.
Estas fiestas también son responsables
de la destrucción de los bosques,
de la contaminación de los ríos,
la madre tierra (La Pachamama),
de todos los recursos naturales
que se explotan y destruyen
para que la mentalidad occidental,
cada año, tengan una Feliz Navidad
y su prospero año nuevo.
¿Quienes son los culpables de esta
barbarie modernista?.
Sumados a las desigualdades sociales
de toda índole donde las injusticias,
lo inhumano y el que me importismo
es la máxima prioridad.

Desde el punto de vista de un Kichwa Mitimae-Inka

La vida es como un camino

donde se cruzan otras rutas,

otros peregrinos, donde

viajará contigo mucha

gente por siempre y otras

dejarán de acompañarte,

y no volveras nunca más a
v
erlas, cuyo transito solo fue

un proseso de aprendizaje

tanto si fue positivo o negativo.

Lo cierto es que te dejarón una

lección de vida, vigíla tus

espaldas monstruos con piel de

obejas estan al asecho a cada paso quedas.

PROMESA AL DESTINO

Cuando niño me dijerón; un "indio" no sirbe
para nada que no sea ser un esclavo.
Ese día me propuse recordarle al mundo,
que provengo de la más grande civilización
que ha tenido la tierra y que mis
actos hablarán
de la sabiduría que esta años luz
del entendimiento occidentalizado.
Honrando inexsorablemente así a mis
antepasados, sin sentirme superior ha
nadie, pero si abismalmente diferente

LA CONFERENCIA

Me preguntan en mi última conferencia en la "UCAM" Universidad Católica de Murcia.

-Amaruk- ¿Cual es el sentido de la vida? Yo en mi humilde condicición de Amawta Kichwa Mitimae Salasaka-Inka-Chasqui Tawantinsuyano-Yachak(Maestro catalizador de los saberes ancestrales y la milenaria cosmovición andina amawtica).

Respondo: destruye tu mente como humano, aprende a morir, todos los días y renacer cada instante para comenzar ha re-evolusionar y transformarte en un ser híbrido, capaz de aprender y deshaprender.

La vida no tiene sentido, hay que vivirla en plenitud integral dando de ti el 100%, de tus capacidades.

Solo así degustarás de una vida plenamente extraordinaria con sus pros y sus contras; hará que haya valido la pena nacer, si aportas, agradeces y amas

KARMA

Todo llegá a su tiempo sigue practicando

la paciencia, mientras tanto sigue creando,

amando, compartiendo, agradeciendo y

luchando por ser y hacer feliz a todo el mundo.

Dios ejercerá su justicia y no tendra

piedad del maligno

CARETAS

Máscaras de hipocrésia el escenario cotidiano

método infalible para agradar,

confrontación de sexos criminalización,

acusaciónes falsas, violencia policial

calculada y estrategias de ocultamiento y falseamiento de la verdad. Se denómina:

"Síndrome de Sherwood", una doctrina

para criminalizar instaurar las disputas

entre hombre y mujer (Colectivos) y

rentabilizarse ecónomicamente a costa

de la destrucción de vidas humanas,

niños, padres y madres inocentes.

En pleno siglo XXI y

las barbaries continuan.

No hemos

ha prendido la lección hitleriana,

franquista, napoléonica,musolínica,

draconíana. La violencia NO tiene género.

LA VIOLENCIA NO TIENE GÉNERO

En guerras tan absurdas entre el
feminismo extremo (Feminazismo político)
y el machismo (Sistema Político
Mundial y religioso occidentalizado),
la destrucción del hogar
núcleo de la sociedad en
el mundo se ve afectada por la
crueldad y lo inhumano.
Ni todas las mujeres son
"Buenas" ni todos los
hombres son "Malos" .
Las mujeres siguen muriendo,
y hombres son denunciados
falsamente. Mientras siguen
existiendo niños huerfanos
de madres y padres vivos
impedidos del contacto.
!La violencia NO tiene género!.
Por dinero se juega con
la vida de seres humanos
inocentes. ¿Que clase de
sociedades estamos
dejando a las generaciones
venideras?. Y el mundo
prefiere mirar el fútbol y actualizar su Iphone.

RUNAKUNA-SERES HUMANOS

Grandes seres humanos de
conciencia sin Ustedes las generaciones
de los Nini, y de Cristal extinguirán por
completo el sentido común, el
respeto y la capacidad autosuficiente
de sobrevivir sin pedir ayuda ha nadie.
Siendo consecuente con el medio
ambiente, la defensa de los derechos
humanos y los valores indentitarios.
Y en mi caso como indígena-Runa Kichwa,
a la hora de saber sobre los origenes
de América Latina, deberán ir a
buscar información en bibliotecas
ya que nadie recordará que un día los
nativos originarios existimos, seremos
cuentos, leyendas o películas mal contadas

CAMBIA TU VIDA

La actitud que promueven las artes marciales, que reafirma las bases filosóficas de la cultura oriental, es en sí misma una forma de curación. La mentalidad que promueven no deja lugar al deseo ni al miedo a perder o ganar, a diferencia de cuantos deportes occidentales se practican en los que prima la competición y el triunfo.

.

En las Artes Marciales se busca superarse a sí mismo por encima de la comparación con la otra persona y la búsqueda de la aprobación externa. No se busca la sensación ficticia de placer que se encuentra en ganar, sino que la búsqueda es hacia uno mismo, mediante el desarrollo de habilidades y la superación de los propios límites.

Practicar Artes Marciales puede tener muchos beneficios a la hora de ayudarnos a gestionar ciertas emociones que nos pueden resultar más difíciles de expresar, como la ira y la frustración: Las artes marciales tienen un c omponente corporal explícito que puede ayudarnos a navegar a través de ciertas emociones que llevamos dentro. con nosotros mismos y puede llegar a ser perjudicial a largo plazo.

Practicar Artes Marciales eleva nuestra conciencia y nos ayuda a estar presentes mientras nos conectamos con nuestro cuerpo. Veo esta práctica como una meditación activa que, dependiendo de la intensidad, tendrá un efecto positivo en nuestro bienestar.

En las Artes Marciales buscamos superar nuestros desafíos y límites desarrollando nuevas habilidades.

–Yo recomendaría iniciar tu camino en las Artes Marciales adentrándote en Brazilian Jiu Jitsu y Taekwondo. Caminarás en este universo de salud mental, física y espiritual –una fusión de artes marciales, sistema de defensa personal y deporte de combate

En la cultura occidental suele existir una disociación entre el cuerpo (emoción e instinto) y la mente (cognición), por lo que practicar Artes Marciales es una buena excusa para integrar estos dos aspectos. También es interesante que cuando practicamos Artes Marciales se pone en juego más de una habilidad a la vez, podemos llamarlo "entrenamiento cruzado"; esta forma de aprendizaje beneficia el desarrollo del equilibrio, la fuerza,

la flexibilidad, la resistencia y la coordinación.
Practicar Artes Marciales también agudiza
la concentración a través del ejercicio
de la atención enfocada y como
resultado logramos estabilidad emocional una vez
que estamos libres de juicios y de nuestro ego.
Practicar Artes Marciales significa conocer la
naturaleza de nuestras emociones
experimentando y manejando el miedo,
la frustración y la ira. Es una forma
de averiguar cómo nos sentimos y
poder abrazarlo, para evitar que estas
emociones nos controlen; Tránsito es
una palabra mágica; Viajar a través
de nuestras emociones nos permite
explorarlas y reconocerlas, sentir y
actuar, en lugar de reaccionar,
que es a lo que estamos acostumbrados.
La práctica de estas disciplinas es
especialmente beneficiosa para mejorar la autoestima
y la confianza en uno mismo.
Según diferentes investigaciones,
las personas que entrenan en artes
marciales desarrollan su propio
poder interior por lo que no se
dejan llevar tanto por la influencia de
sus emociones o circunstancias externas.

Durante mis cursos de defensa
personal para mujeres incorporo
una fusión que combina las
Artes Marciales y mi cultura Nativa
Americana, de los Andes como Kichwa
descendiente de los Inkas. Creo un
espacio sagrado donde mis alumnos
pueden sentirse seguros y desarrollarse lo mejor posible.
Además, las clases de Artes Marciales
también se pueden utilizar como
herramienta terapéutica, estimulando
las endorfinas, sacando a la superficie
nuestros miedos o preocupaciones,
abordarlos a nivel terapéutico y
darnos cuenta de lo que somos
capaces, de poner límites
saludables y cuidarnos. , para c
onectarnos con donde estamos y
hacia donde queremos ir así como
los nativos americanos nos conectamos
con la madre tierra y sus elementos
como el fuego, el agua, el aire y la tierra entre otros.
Todos somos responsables de
nuestra propia salud física,
emocional y espiritual.
A menudo les pregunto a mis alumnos:
¿Cómo te tratarías a ti mismo si prestaras más atención?

Un mensaje para el mundo

Las artes marciales recuerdan que nada es

imposible en la vida, nos enseñan a amar

lo imposible porque ya hay muchos seres

humanos que prefieren perseguir metas fáciles.

El propósito de las Artes Marciales y

su filosofía en su estudio teórico práctico

para el trabajo en la vida diaria es

la formación educativa básica y

complementaria para ser más creativos,

que nos atraiga a todos incluyendo niños,

jóvenes estudiantes y adultos.

Todos somos capaces de actuar
c
on libertad de conciencia, responsabilidad y

absoluta disciplina de mente, cuerpo

y espíritu, y así manifestar la máxima expresión de nuestras emociones bajo autocontrol en lo que realmente nos transformará.

Los Artistas Marciales verdaderamente transmitimos sentimientos inculcados en la honestidad y el honor en todos los momentos de nuestra vida, al dar rienda suelta a nuestra creatividad con el poder total de nuestra imaginación y hacer de nuestras metas verdaderas obras de arte, gracias a ver nuestra salud integral y el poder de determinación para lograr el desarrollo espiritual y el éxito personal a través de la formación.

EL DÍA INTERNACIONAL DEL HOMBRE

19 de Noviembre 2022
La celebración del Día Internacional del
Hombre cada 19 de noviembre se
extendió desde 1999, para impulsar la diversidad y la
igualdad de género desde
el reconocimiento de su situación.
Los objetivos de celebrar un
Día Internacional del Hombre
incluyen enfocarse en la salud de los
hombres y del niño, la mejora de las
relaciones de género, la promoción
de la igualdad de género,
y la puesta en relieve de modelos
masculinos positivos.
Dentro de cada mujer o familia
hay un hombre que tanto amamos
en nuestras vidas, sean nuestro
padre, abuelo, hermano, sobrino,
tío, amigo, novio, hijo, primo o esposo, etc.
Por desgracia ser hombre o
ser padre es sinónimo de criminal,
presunto y por lo tanto detenido,
encarcelado, por denuncias falsas
que estan de moda. Sin pruebas
solo la palabra de una mujer
el hombre esta siendo destruido
y vulnerado en todos sus derechos
y en cuanto al de los hijos los
niños nos les importa ni un
carajo al sistema Feminazista.

Niños huerfanos de madres y padres
vivos maltratados por la prohibición del
contacto con sus padres y la familia paterna.
La historia hablará de estas barbaries donde esta en
juego el dinero que recibe el Feminismo
extremo a costa de vidas humanas.

RECAPACITAR AHORA O NUNCA

La vida casi siempre duele, a

veces destruye y otras re-construye, en reiteradas

ocaciones da asco y en otras jubilo.

Nunca fue perfecta es simple, no

es coherente, no es nada fácil,

no es un paraiso ni un infierno,

ni para mal ni para bien, es injusta

pero aprendes ha gozarla.

No obstante prosigue caminando soñando,

luchando por ser y hacer feliz es lo

único que tenemos para que

haya valido la pena vivir esta corta vida

SERES LUNISOLARES

El padre Sol (Taita Inti), y la madre Luna (Mama Killa)

es fundamental

para la vida en nuestro planeta, tanto para

las formas vegetales como animales. La importancia para

la naciones Kichwas de los Andes

el padre Sol y madre Luna son, primordiales espiritualmente,

ya que son la fuente energética principal de la vida,

proporcionando luz y calor tan necesarios

para la salud integral de la humanidad.

Dejaté purificar de los primeros rayos

en la aurora matutina , o bajo la luna llena es una experiencia

extraordinaria de sanación.

HERMANDAD

Tiempos de confraternidad en
medio de tantas guerreras es tan
complejo consumar la unidad
de los seres; su egoismo, su
superficialidad, su arrogancia
destruyen todo a su paso.
Así la paz
deseada en este siglo
sigue siendo una útopia.

DESPIERTA

Cuando se supo que aparte de

nuestro cuerpo, hay algo innato

que nos hace poderosos,

estamos refiriéndonos al despertar

de la consciencia, a la identidad

y a tus origenes ancestrales.

Sin está ecuación genealógica

solo eres un autómata repitiendo

patrones de conducta, para los

intéreses de los testaferros de turno

EL SENTIR SE MUERE

Los abrazos el acto más

sanador y en pleno siglo XXI, estan

en crisís ya no hay abrazos del alma,

de corazón, de gratitud, de amor,

de felicidad, de reciprocidad, de perdón,

de humildad, solo cunden abrazos

de hipócrecia, de intereres o

de orgasmos muertos.

.

LAS PERSONAS RARAS

PARA LOS KICHWAS

Las personas raras del hogar son,

a ciencia cierta, guerreros innatos

de cadenas de liberación familiar

en desendencia generacional.

Son aquellos miembros que no

se adaptan a las normas o tradiciones

del sistema familiar, social,

cultural , educacional principalmente

familiar, son aquellos que desde

pequeños buscaban constantemente

revolucionar las creencias,

yendo en contra todo y de todos,

aquellos son los criticados,

juzgados e incluso rechazados,
esas personas raras, son los
llamados a sanar, liberar el ciclo
y patrones de conducta enfermisos,
tóxicos de historias repetitivas
que frustran a generaciones enteras y les
sumergen en una inóspita
forma de vivir en infelicidad
individual permanente; las
personas raras o raritas son lideres,
creativos, ingobernables, libres, locos,
osados e irreverentes. Su sola
presencia es sinónimo
de envidia y admiración,
o les odian, o les aman.

Personas raras gracias

por existir sigan amando y

compartiendo sus estrafalarias

formas de ser, estar, hacer

y tener. La historia seguirá

hablando de Ustedes

como la dinastía de

seres que enseñaron a las

civilizaciones el maravilloso

secreto de vivir felices y en armonia.

Rompiendo lazos

contaminadores familiares,

educacionales y esclavizadores.

Nunca permitas que te

sabotén, sigue amandoté

y compartiendo tu rareza.

Bienvenidos a mi universo.

UN POEMA KICHWA URGENTE

Transformación metamórfica

Urgando auroras
en tu boca perdida
mil besos a deshoras
y la pausa de un suspiro
iluminando el tiempo
en tus sienes demenciales
eterno recuerdo inhumano
de luna y plata,
de celéste sombrío y de cúlpas
está hecha las noches
que tu sombra esconde,
y en mi secreto habita
una esencia sin nombre
cuyo sentir resucita
cuando la luz se esconde
y el templo que lo guarda
es el desierto donde
la duna de tu cuerpo invita,
donde el delirio levita
entre nubes y des amores.
¿Qué tendrá la conciencia

que a divagar se precipita?
En tus abismos sin flores
el silencio hace una cita
con todos mis temores
y la calma se pierde
en dulces sinsabores.
Dijiste; "perdoname dame otra oportunidad"
pero olvidaste la piel
desparramada en mis rincones
llenaste con tu caricia
los huecos de mis poros
y refrescaste con tu brisa
aquellos sueños rotos
Así el suicidio fue inminente.
No tengas prisa,
aún es temprano
y la mañana inunda sonrisas
con tu aroma perfumando los días
de jazmín y de condores
con tu anaco de soles,
agitándose sobre las rodillas
la íntima frágilidad de la injusticia.
El vuelo de una torcaza
ha dibujado tu temple,
tu vida ha pasado
tras estas penumbras, mis muertes,
renaciendo en pasiones que
evocán caricias furtivas
perdidas y extintas en hora súbita.

SOS

Lo que me sorprende es el hecho de

que en nuestras sociedades el humanismo

ha llegado a ser algo éxtinto, ajeno a los

individuos o a la vida misma; y también que

los valores, principios y la dignidad sean

practicados escasamente, ¿Pero como

hemos llegado ha esta barbarie tan decrépita?.

Ahora se admira las estupides, la maldad,

el orgullo, y la ignorancia nunca fue tan

practicada llegando hacer de los

seres maestros de la crueldad.

REFLEXIONES DE UN AMAWTA

La energía que depositas
en la vida es la misma que
regresa para ti.
Lo que creo, lo siento
lo que siento, yo vibro
lo que yo vibro, yo atraigo.
Enfócate en hacer el bien
todo el tiempo por el
bienestar de ti mismo y de
los seres que dices amar.
Ahí radíca el arte de la felicidad
y el éxito aprendiendo hacer
un Dios Vivo o Diosa Viva.

DUALIDAD HUMANA

"

Los seres humanos somos una

mezcla de luces y sombras, como

lo es la naturaleza (Pachamama).

Si miramos a nuestro alrededor

podemos ver el mal y el bien que hacemos

y nos hacen. Después estamos los

otros que ponemos nuestras luces y

sombras sobre la vida misma

para crear felicidad, o crueldad, así transformamos

el dolor en amor, sembrando flores

de paz y fé, para nuestras injusticias.

Todo se paga en esta vida de eso

puedes estar cien por ciento seguro/a.

CÓDICE

Después de cada caída, nos

levantamos con más fuerza.

Solo los amantes a los imposibles

llegamos a la meta y nos mantenemos

poderosos en todos los sentidos,

los ignorantes lo llaman suerte,

los genios lo llaman disciplina,

los kichwas amor puro y verdadero.

SABIDURÍA DE LOS ANDES

Una filosofía de vida por

esperanzadora que parezca no produce

un crecimiento personal en los

seres humanos,

ni convierte a los desalmados en

personas buenas o visceversa.

Para eso, hay que destruirté como

mente y toda ideología

adoctrinada esa transformación

educacional es lo esencial basada en

el crecimiento

de los valores espirituales

y de conciencia.

Por la falta de esta comprención

el mundo se extingue a nuestros pasos.

MENSAJE DE REFLEXIÓN KICHWA

Los seres humanos más hermosos

que he conocido son aquellos que

han sufrido el engaño, la traición,

la injusticia, la pérdida de un ser amado,

y han luchado para encontrar su

camino para salir de las profundidades del infierno.

Estas personas son mis héroes

estan llenos de comprensión de vida ,

de compasión, amor y

una profunda reciprocidad por la

humanidad gratitud maestros/as por mi caminar.

VENTI CUATRO SIETE

Yo lo quiero todo o no quiero nada,

los besos hasta la madrugada,

las risas complicés,

los cántos, los juegos y el arte.

Sorpresas en fechas especiales, las

mil fotos juntos, caminar de la mano,

los viajes por el mundo

cumpliendo sueños, que alguien esté

para ti -24/7- y sobre todo alguien té élija

todos los días ha pesar de estar roto.

Yo lo quiero

todo o no quiero nada .

CARCAJADAS DE LA VIDA

La sonrisa escencia vital de la vida,

rian de todo y por todo sin objeción alguna.

Sonrian a carcajadas desde una

conciencia tranquila y en paz.

La risa es salud y bienestar cuando

esta alejada de la hipocrécia y la maldad.

Sonrian desde el corazón y la bondad.

Sonrisas de jubilo compartidas de amor.

Toda risa es luz para un nuevo camino .

VUELVE A VIVIR EN MEDIO DE TANTAS GUERRAS

Los kichwas de los Andes, conocemos
sobradamente que no debes
convertirte en un zombie espiritual,
privado de pasión
y de los profundos sentimientos
humanos colmados de amor.

Permite que la espiritualidad
sea una celebración de tu
naturaleza única, más que
una represión de la misma.
No pierdas nunca tu humildad,
tu rareza, tu parte extraña, tu humor,
tu escéncia única e irremplazable.

No intentes "no ser tú" o ser
"el titíre del mundo", o alguna
cosificación del sistema, tú eres
trascendental "siendo un ser
sin ego", eres un súper
humano intocable en tu escencia.

Eres una celebración de equilibrio,
de paz, armonia deja de culparte
por no poder vivir a la altura de
cualquier falso ideal o
pensamiento de moda.

Honraté por el humano extraordinario
que eres, cuando eliminas de ti toda
maldad miserable o
confrontaciones negativas.
No existe nadie mas poderoso que
tú aquí y ahora.
Para cumplir sueños,
metas y objetivos.
Donde triunfantes y
humanitarios los compartirmos
sin mirar a quién. El arte de saber amar,
sin pedir nada ha cambio de manera
gloriosa en medio de las guerras.
Así amamos la vida los Kichwas.

Amor Incodicional Kichwa

En el amor Kichwa no buscamos a
la persona perfecta, es comprender que una persona
imperfecta puede hacer que
nuestra vida sea perfecta,
apesar de las indiferencias y
los obstacúlos.
Amor Kichwa es cuando alguien
puede ver tu alma y te entiende y te acepta con tus
virtudes y defectos. Te admira y te
alienta a ser mejor y no desea cambiarte,
sino ayudarte a ser feliz y cumplir tus sueños.
El amor Kichwa es la unión de dos
seres sabios bendecidos por la madre
natutaleza juntos decidimos ser una
sola vida, ser cómplices y amantes
que a pesar de las manipulaciones
familiares o terceras personas que
nunca faltan luchan juntos en las
buenas y en las malas, para salir
adelante por bien del hogar.
Los Kichwas en el amor estamos
dispuestos a sacrificarlo todo
si es reciproco. No hay mejor
ejemplo para los hijos, que
enseñarles a perdonar, sanar, restaurar
y luchar por lo que amas y por quién te ama.

AL CARAJO

Siempre se puede comenzar de nuevo,
en este instante le puedes decir basta y
al carajo a los mal agradecidos que
te destruyen, a los hábitos enfermisos
que te encadenan, a la familia,
amigos, parientes contaminantes que te
perjudican, a la mujer-hombre, que un día te
dijo amar, renuncia a todo y todos los que
te envenenan y odian verte feliz y triunfante,
elimina a los que quieren dirigir tu vida y
en sima te ha consejan y con su vida nunca
hierón nada bueno. Date el derecho lejítimo
de ser feliz sin rendirle cuentas ha nadie ,
siendo tú y tus útopias. 24/7 los 365 días del año.

VUELA VUELA

Mientras tanto respira, sonríe, agradece
y perdona. Camina tranquilo
disfrutando del paisaje y del camino
sin hacer de la ruta un infierno.
Dios bendice a las personas buenas.
Suelta. Sólo suelta y recibé la bendición
del universo. La justicia llegá y el amor
se manifiesta el mal jamàs vence al bien.

SALVA TÚ VIDA

Sé valiente no permitas que el
mundo y gente miserable te
vuelva un corazón de piedra.
No dejes que el dolor, el engaño,
la impotencia, y las injusticias,
te hagan odiar.No elijás la
amargura ella robará tú dulzura
que esta repleta de amor.
Siéntete feliz cada día en mi cultura
los Kichwas, todo lo dejamos en
manos de la justicia divina.
Y hasta entonces seguimos
abanzando con todo nuestro
poder transformados en super
héroes cumpliendo sueños.

SUMAK KAWSAY- EL BUEN VIVIR

Maravillosos aquellos que estan

dispuestos a decir Si a la vida, Si al amor,

Si al perdón, Si a luchar por lo que amas,

Si ha dar tu vida por cumplir tus sueños,

Si ha dejarlo todo porque crees en una útopia,

Si a reconocer tus errores y maldades,

Si a restaurar tu vida y la vida de las que dañaste.

Si élijo ser Feliz ha pesar de tanto dolor.

Los Kichwas en mi caso un Amawta siempre

estamos dispuestos a decir Si cuando el

si es para Re-Construir y hacer feliz a

todas las personas que llegan a nuestra vida.

ABRIR OJOS DUELE

Las personas inhumanas casi siempre
son los hipòcritas, envidiosos, mentirosas,
egoístas, injustos, malagradecidos, falsos,
soberbios, crueles e incapaces de ponerse
en la piel de los demas, son esas personas
muertas en vida que van de victimas en
cuyos pasos solo dejan sufrimientos,
penumbra, dolor y lo destruyen
todo sin sentir culpa alguna.
No obstante todo se paga en esta vida,
en este tiempo y espacio la justicia
divina de Dios sentenciarà cuando
hay inocentes de por medio nadie
puede huir de su destino fatal.

FUERZA DEL CORAZÓN

No te dejes manipular por nadie,

sigue tu propio camino y confía en

tu sabiduría interior.

Si dudas en algo investiga.

Si no estas de acuerdo

con algo busca la verdad. Nunca creas

en todo lo que te cuentan es tiempo

de despertar y manifiesta tu

propia naturaleza siempre

desde el amor, el perdón,

el agradecimiento. No hagas

daño a nadie ya que todo se paga.

Siempre vive desde el poder de la

conciencia. Así obramos los kichwas.

VERDADES DUELEN

Las acciones miserables son el
resultado de nuestra propia demencia
y el poseer un alma maldita,
no se quiere afrontar las consecuencias
de decir la verdad y por otro lado no
hacerse responsable de la sangre
provocada que las tendras que
pagar si o si, fue tú elección.
Un ejemplo es: alguien que hace daño
premeditado y perverso a personas
inocentes, peor aún si son niños.
No tendra paz en toda su vida,
ni habrá lugar en el mundo donde pueda esconderse, la
justicia de Dios es poderosa y
ella jamás olvida.
Entiendo que muchas veces
hay verdades dolorosas generalmente de negra
conciencia que provocan conductas
negativas, vengativas y dolores
traumaticos, pero al asumirlas aceptas
restaurar y pedir perdón para
reconstruir los daños es la única
forma de tomar desiciones sanas
para tu vida y también tomar
responsabilidad para no ir lastimando
gente y hacerse las victimas.

VIAJE A LA MUERTE

Cuando alguien muere, extrañamos su
presencia física y el dolor se apodera
de nosotros, aferrándonos al hubiera,
pero lamentablemente ya nada puedes
hacer o decir. La muerte la vemos
algunas veces es extraña e impredecible
para algunas ocasiones, por eso,
hoy besen, abracen, amen, perdonen y
corrigan sus actos malignos, hagan
que valga la pena cada minuto, por que
después ya es demaciado tarde,
no sabemos cuando nos convertiremos
en recuerdos, en anécdotas, fotos y memorias.
En baúl de Karmas que pagar.

SHIMIKUNA KICHWA- PALABRAS QUECHUA

El Amor tambien es un lenguaje y
se acompaña de muchas palabras y
expresiones en mi cultura Kichwa
sostenémos que decir:
“Kanda Munani=Te Quiero”,
“Ñukawan Kayta Munankichu=Quieres estar conmigo”,
“Ñuka Shukupimi Apani=Te llevo en mi corazón”,
“Ñukapak Kawsaymi Kanki=Eres mi vida”, “Kanda
Llakikumi=Te Extraño”,
"Kuyani=Te amo".
Podrían ser solo palabras como
lo son en occidente, pero para los
kichwas de los Andes, los afectos expresados en cada
una de ellas nutren el alma porque
nosotros "Honramos la Palabra" en ellas va nuestro
compromiso de vida siendo concientes
de lo que decimos y como lo decimos y aquién. Ya que
todo repercute para bien o para mal.
No tengas miedo de las palabras afectivas.
Es un mal social de estos tiempos el no querer usar las
palabras que fortalecen por
considerarlas “ridículas” o porque
para algunos expresan debilidad y verguenza.
Con las palabras de Amor y
respeto puedes inyectar fortaleza,
motivación, valor, coraje, esperanza, sabiduria y
determinación en las personas.
No tengas miedo de ser amable
y decir a cada persona lo positivo que hay en ellas y
destacar sus virtudes incluso

sus defectos si son constructivos.
La verdad siempre saldra a la luz y
nadie puede opacarla.
Menos crítica, pre-juzgar y
más admiración las palabras kichwas
envuelven valores y principios
que dignifican al
ser humano (Runakuna), ellas
pueden hacer de ti un miserable
o hacerté un ser
extraordinario. Úsalas hermano
y hermana, antes que tu seres
queridos mueran y ya no esten contigo.
No esperes que sea demaciado tarde, que
tus hijos crescan para recien
recapacitar. El tiempo
nunca perdona nuestra benevolencia.

LUCHA POR SOÑAR

Nunca te duermas sin un sueño que cumplir,

ni te levantes sin un motivo por quién luchar,

tampoco vivas por nadie que no esté dispuesto

a vivir por ti y incluso dar la vida por ti.

La vida es rapidisima y muy corta,

los Kichwas eso lo sabemos muy bién,

solo te tienes a ti para vivir y en la mayoria

de los casos para sobrevivir.

Nada es mas importante que tús metas y

tu forma de hacerte el amor. Áplicar

estos detalles sabrás si eres un infeliz

o grandiosamente dichoso

EL ESPIRITÚ DEL GUERRERO

Llegado a este punto nuestro de la vida,
pides ayuda y nadie es capaz de ayudarte.
La vida se ensaña contigo con fanático
frenesí mourtorio.
Parácitos se juegan tu cabellera
una y otra vez por medio de decepciones,
robos, mentiras y engaños, maltratos
cuyo objetivoque renuncies a ser feliz,
nunca te des por vencido y mueras lentamente en la
agónia sus burlonas sonrisas
claman tú sépulcro.
Solo te tienes a tí.
Y perderás las fuerzas sentiras
morirte ha pedazos, tu destrucción les
fue muy fácil.Más no olvides quién eres y
no desfallezcas, levantaté y
resurge de entre los muertos
limítate a observarlos,
escucharlos, comteplarlos y perdonarlos.
Y cuentionaté ¿ Como pueden éxistir
seres humanos tan miserables?
Sin alma, ni corazón ni vida.
Estar muertos antes de la hora final.
Que horripilante destino.
Solo te tienes a tí
Lucha con todas tus fuerzas y
con justa razón si hay inocentes de por

medio y la verdad esta en ti,
la poderosa justicia divina te protejerá.
Salvaté de los muertos vivientes,
hay un legado de vida que cumplir, el universo entero
sincróniza y visualiza tu victoria.
Si hay alguien que puede liberarte de ese infierno de
injusticias ese alguién solo eres
tú mismo o tú misma.
¡Hazlo!
!ahora o nunca!
Los dioses vivos éxisten y estamos aquí.

La nesecidad de ofrendar a la Madre Tierra sagrada Pachamama

Ofrendar a la madre tierra es

un proceso profundamente intímo.

Utilizamos instintivamente

la oración y ofrenda para

ponernos en contacto con nosotros mismos,

proyectando nuestros sentimientos hacia

el Universo-Cosmos. Ritualizando

las ofrendas de agradecimiento

en un nivel puramente energético,

es la unión del cuerpo, la mente

y el espíritu de una forma que

se alinea lo individual con lo

universal para que los sueños se cumplan.

365 DÍAS y MÁS

Sigues tan presente hasta hoy, nada
transforma el amor por ti razón de mi éxistencia.
Quiero decirte qué ese dolor qué no le cuentas
a nadie, va a pasar cuando te arrepientas por
las sonrisas robadas, los cantos de media noche
castrados, los abrazos no dados, aquellos besos
gélidos y usados.
Un día volverás a bailar y a reír sin temor a
romper las cadenas infernales de los infelices
que odian ver amarse.
Qué sepas que los días malos no durán para
siempre, qué al final vuelve a salir el sol
y tú vuelves a florecer con toda tu génista
esperanzadora.
Decirte qué la herida cerrará, sólo observa
dónde te duele y restaura todo la lluvia
de sal con amor y vendaval de
conciencia y luz auroras y ocasos.
Si quieres llorar házlo,
hasta secarte por fuera y por dentro
y luego ve al mar a llenarte el alma
de olas y atardeceres. De soles y lunas de un mañana
edificador que huele a paz.
Qué siempre habrá amor, tras las
huellas de un perdón la justicia
divina nunca olvida ella emerje dando luz de vida y
sanandolo todo a su paso.Regálate los sueños
imposibles, daté el lujo de ver tu resurección,
invítate ha una reconciliación
con tu alma negra del ayer,

ponte el vestido rosa, los zapatos
de tacón, el labial rojo y el perfume
de jazmín y peinalo con su trenza
querubín de mis adentros.
Date la oportunidad de sentir
que no puedes más y luego
sorprendete al darte
cuenta que lo lograste.
Que los milagros éxisten que
la felicidad con lágrimas de
sangre son semillas de
abundancia y maná para los
abandonados que un día perdierón
el camino para volver al hogar.
Sabes volar. antes volavamos
por el mundo. Y no, no, olvidaste como
solo que con el tiempo las alas se
volvieron pesadas de tanto
jugar ha perderte entre cielos
vacios y angeles caidos. Vuelve a
tú hoguera, no hay sufrir que
dure 100 años y el alma de un
niño espera ser acunado por su sangre
rebelde que le precede por linaje ancestral.

ACERCA DEL AUTOR

Amaruk Kaysapanta, nacido en Ecuador y
residente actualmente en Barcelona, es un indígena
Kichwahumanista y promotor cultural
mundialmente reconocido. Es un artista
multidisciplinar y maestro en artes marciales mixtas.
Es periodista, cinéasta,amauta y ha sido nombrado Embajador
Indígena de los Andes en 2013 por la Unesco. También
ha dirigido largometrajes y protagonizado
varias películas y series de televisión en España.
Un poeta y escritor prólifero con más de 18 libros
públicados en Europa. Un filántropo
ha tiempo completo en su función de defensor de los derechos
humanos para la inmigración en España.
Galardonado con más de 150 premios en el mundo.
Por todo esto se le considera "El Maestro".

pachamama@gmail.com

www.ingramcontent.com/pod-product-compliance
Lightning Source LLC
LaVergne TN
LVHW010120170826
845678LV00012B/2512